AF232769

41
Lb 1921.

TOI OU MOI,

OU

LE DERNIER COUP DE MASSUE,

EN RÉPONSE

Aux Impostures que JOSEPH LEBON s'est permises, soit à la séance du 14 Thermidor, an II, jour de son arrestation, soit dans les N^{os}. qu'il a osé publier astucieusement depuis le 1er. Messidor, présent mois, pour moyens de défense.

Par l'auteur de la Gravure des FORMES ACERBES.

QUATRIEME ÉDITION.

A Paris, chez Maret, libraire, maison Egalité, cour des Fontaines.

A Arras, chez Boquet, libraire, rue des Vieziers.

A Lille, chez Delaunay, sœurs, rue Afiens.

A Dunkerque, chez Drouillard, imp., rue de Bar.

De l'Imprimerie du LYCÉE DES ARTS, cul-de-sac Malignon.

Messidor, 3e. année, ou Juin 1795.

AVERTISSEMENT.

La Gravure des FORMES ACERBES et tous
les Ouvrages y relatifs se trouvent chez les
mêmes Libraires.

TOI OU MOI,

O U

LE DERNIER COUP DE MASSUE.

*Omnibus umbra locis adero, et dabis, improbe,
pœnas.*

Virg., 4ᵉ. Livre de l'Énéide.

« Mon ombre s'élèvera du tombeau, te sera pré-
» sente en tous lieux, partont te poursuivra, partout
» s'attachera à tes pas, à ton cœur, et tu seras, mé-
» chant, déchiré par des tortures éternelles ! »

Tu oses donc, homme souillé de tous les crimes, si
l'on peut donner le nom d'homme à un monstre gorgé
de larmes et de sang, tu oses te relever de ta fange, au
moment qu'une juste punition va t'y replonger, et
pour jamais ! Tu as le front de faire entendre au bout
d'onze mois ton rugissement ! et c'est pour te justifier ! Joseph Lebon se justifier ! Quel serait ton espoir ?
de faire valoir la pusillanimité, la terreur dont tu es
parvenu à frapper l'ame de tes *faibles* concitoyens.

Quand on n'aurait qu'à te reprocher d'avoir violé
les lois qui te défendaient d'être député dans ton
propre pays, quand tu ne serais coupable que d'avoir
été aux gages et stipendié par ce *Robespierre*, ton

A

compatriote de monstrueuse mémoire, qui te regar-
dait avec raison comme un de ses plus dignes collabo-
rateurs dans son œuvre diabolique, ces traits ne suf-
firaient-ils point pour te présenter à jamais comme
un vil complice, susceptible de se livrer à toutes les
atrocités inouies auxquelles tu t'es abandonné? Et ne
sachant comment laver cette boue infecte dont tu es
tout dégoûtant, tu sembles vouloir la jeter sur d'autres. Mais la vérité, l'humanité que tu as tant outra-
gées, profanées, ne se contentent point de cette sa-
tisfaction : une des victimes (1) de ta rage infernale,
arrachée par le miracle du 9 Thermidor à ta soif ha-
letante du sang, s'élève pour joindre sa voix, l'accent
de la vengeance même, à tant de cris élancés de
toutes parts, qui demandent, qui pressent l'instant
d'un supplice trop mérité et trop attendu. Oui, j'ai
eu le courage, courbé pendant 14 mois sous le poids
des fers dont ta barbarie m'avait surchargé, de publier
une Esquisse d'un de tes six repaires ; rappelle-toi
que je suis du nombre de ceux que tu as eu la scélé-
rate audace de livrer à la risée de la horde *popula-
cière*, composée de tes soudoyés, tels que j'en ai
souillé la page 13 de la 2e. édition de mon premier
ouvrage (*les Angoisses de la Mort*). Je n'en suis
point resté à ce premier élan d'une sensibilité si pro-
fondément blessée ; j'ai essayé de caractériser ton
ame atroce et celles de tes complices dans une nou-
velle production (*Atrocités commises envers le sexe
dans ton repaire la Providence*), qui offre un ré-
sumé de toutes les barbaries inconcevables à l'égard

d'un sexe aimable et touchant, fût-il criminel, fait
pour exciter la compassion et arracher des mains le
glaive menaçant. Mais ce n'était point assez d'avoir
parlé contre toi à l'esprit, au cœur, il fallait qu'un
objet d'horreur, d'éternelle horreur, tel que l'enfer
t'a vomi de son sein, restât à jamais sous les yeux,
effrayât à jamais la postérité qui reculera de terreur !
c'est ce que j'ai tenté d'exprimer de toutes mes
forces, de buriner dans ma Gravure des FORMES
ACERBES (2) que j'ai publiée le vingt-quatre Floréal dernier (9 Mai 1795); je te l'ai adressée à
Meaux : c'était le miroir ardent de la vérité que je te
présentais et dont j'aspirais à te brûler les yeux ; j'ai
gravé, si l'on peut parler ainsi, à l'eau-forte tes traits
hideux, pour offrir une immortelle leçon et épou-
vanter quiconque tendrait à t'imiter : je suppose que
la nature voulût encore se dégrader au point de donner
naissance à un nouveau *Joseph Lebon ;* ton existence
est sans doute un crime de sa part. Et pour mettre le
sceau à des travaux dont tout l'objet est de réaliser
ces expressions de Virgile : *Dabis improbe pœnas,*
pour te porter un nouveau coup qui se fasse sentir à
ta scélératesse invulnérable, je m'empresse de publier MON DERNIER COUP DE MASSUE : par-là je
satisfais à l'engagement que j'ai contracté avec le
public. Qu'on daigne lire le *post-scriptum* à la suite
de mon dernier ouvrage, intitulé : *Le Dernier Gémissement de l'Humanité,* adressé à la *Convention Nationale.*

Parce que dans la liste des forfaits sans nombre

que l'on t'impute à de si justes titres, il en manque
un seul dont tu ne te sois pas souillé, tu triomphes
avec l'épanouissement de l'innocence même qui fe-
rait éclater sa pure joie, en repoussant un trait ca-
lomniateur qu'on chercherait à lui lancer ; tu inferes
delà en misérable logicien, que les accusations qui te
pressent de toutes parts, ne sont pas plus fondées ;
tu te plains d'avoir été jeté pendant 19 jours dans les
latrines (3) des cachots de Meaux ! Eh ! ordure la plus
infecte qui ait sali l'espèce humaine, n'était-ce pas là
ton vrai séjour natal ? Tu aurais dû y croupir, y
mourir, augmenter le nombre des miasmes pestilen-
tiels qui s'exhalent de ces réceptacles d'immondices.
Il te sied bien de te plaindre de l'emplacement de ta
réclusion, toi, malheureux, qui avais l'indignité d'appeler les touchantes victimes de la Providence, *tes
toupies*, et qui les faisais mettre au secret pour des
actes de vertu, dans de petits cachots où l'on faisait
refroidir les morts (4) !

Tu as l'impudeur révoltante de nous parler de ta
moralité ! la moralité de Joseph Lebon ! Quant à moi,
(dis-tu page 6, n°. 1er.) « J'ai vu exécuter quelques
» contre-révolutionnaires à Arras, lorsque le hasard
» dirigeait mes pas vers la place. »

Voilà un bien singulier hasard ! Et quelques lignes
plus bas, tu ajoutes : « Ah ! je ne me suis point appi-
» toyé et je n'ai point appitoyé les autres sur le sort
» des ennemis de la patrie. » Eh ! misérable antropo-
phage ! est-ce là le langage d'une créature humaine,
d'un ex-ministre des autels ? Où sont ta religion, ton
cœur, ton cœur, l'idée d'un Dieu ? Un coupable même,

fût-il aussi infecté que toi de forfaits, n'a-t-il pas des droits à la compassion ?

A propos de l'exécution de *Du Vieuxfort*, tu t'écris en le voyant, dans un élan civique, dis-tu, dont tu n'es pas le maître (ce sont tes propres expressions) : « Que les ennemis de la patrie emportent » en mourant le désespoir de nos succès (5) ! » Si l'indignation le permettait, on serait tenté de rire à l'aspect de *Lebon* contrefaisant le Romain, le Brutus : c'est le singe mal-adroit qui veut imiter l'homme.

Mais ce sont là de légères atteintes : il faut de cribler de blessures mortelles, et c'est ce que je vais essayer.

Ce n'est point ici l'inculpation de cette femme dont on prétendait que tu avais abusé. Au reste on avait bien saisi ton caractère, et ce trait assurément ne péchait nullement contre la vraisemblance. Ose combattre la vérité armée de sa massue victorieuse : je t'investis de tout son ascendant.

Pourquoi as-tu surpris à la religion de la Convention le décret qui passe à l'ordre du jour sur le fait de l'ex-abbé *Darisard*, et lui fais-tu dire que l'émigration est *constante*, *prouvée*, tandis que le contraire existe, et armé de cette espèce de dol, reviens-tu sur le champ égorger ce citoyen à Arras, sous le prétexte de *l'émigration* (a) ?

Pourquoi et que signifie cette activité sanguinaire, d'envoyer à la mort le malheureux Rubrecq, négo-

______

(a) *Vide* les pièces de la procédure à Arras.

ciant à Lille, qui te demande un jour ou deux pour compléter sa justification, et cela sur le fondement que le tribunal resterait *inactif* (b) ?

Pourquoi n'as - tu point répondu dans le tems, 18 messidor an 2, à la première censure républicaine ?

Pourquoi être resté confondu, anéanti à la séance du 14 Thermidor dernier, jour de ton arrestation, lorsque plusieurs de tes collègues t'ont dit que tu étais *un monstre qui suais le crime*, sur ce que tu avais dit, *que tu avais sué sang et eau* (c) ?

Pourquoi avoir osé nier le fait que t'a si justement reproché ton collègue Poultier, d'avoir fait incarcérer un courrier porteur des ordres du comité de salut public, qui rendaient son maître à la liberté, tandis que ce fait est arrivé au citoyen *l'Éveillé* (6), personne de confiance du citoyen Desandrouin de Boulogne (d) ?

Pourquoi es - tu venu avec une effronterie scandaleuse en imposer à la Convention, ce même jour, en disant qu'arrivé le 11 Thermidor à Arras, apprenant le supplice de Robespierre, tu avais assemblé le peuple et le district pour se réunir à la Convention, tandis que tout Arras a déposé du contraire

---

(b) *Vide* page 7 du *Dernier gémissement de l'Humanité.*

(c) *V.* page 269 du n°. 681 du journal des Débats et des Décrets.

(d) V. *ibidem.*

(7)

le 21 Thermidor suivant, au procès-verbal produit à
la séance du 24 du même mois (e)?

Pourquoi n'avoir pas répondu à tous les faits que
je n'ai offerts qu'en partie, et que j'ai eu le courage
de publier dans les fers, le 15 Thermidor, dans
les *Angoisses de la mort*, ou *Idées des horreurs
des prisons d'Arras ?* Tu ne saurais objecter que
ces écrits t'étaient inconnus : Paris, toute la France
en étaient inondés par quatre contrefaçons, indépen-
damment de nos deux éditions (f).

Pourquoi avoir laissé sans réplique cette foule d'a-
dresses qu'Arras, Cambrai, St.-Omer, Boulogne et
tant d'autres communes des départemens du Nord et
du Pas-de-Calais ont depuis onze mois consécutifs
envoyées à la Convention, pour demander à haute
voix ton jugement ?

Pourquoi de même avoir gardé un silence si dis-
cret sur toutes les abominations que j'ai exposées
dans la *Suite aux Angoisses de la mort*, intitulées :
Atrocités exercées envers le sexe, dans le gouffre dit
maison d'arrêt de la Providence, publiées en Nivôse
dernier (g) ?

Pourquoi t'être tû également sur les faits qui te
sont si vivement reprochés dans le rapport fait au
nom de la commission chargée de l'examen des pa-

____

(e) *Vide* page 269 du n°. 681 du journal des Débats et des Décrets.

(f) La deuxième Édition.

(g) Les Atrocités.

piers trouvés chez Robespierre, par Courtois, à la séance du 16 Nivôse.(h) ?

Pourquoi et que signifient ces grands accès de joie barbare que tu as laissé éclater dans le cours des journées des 10, 11 et 13 Germinal et de la nuit suivante, consignés dans les nouvelles données à la Convention par le télégraphe, sur l'intérieur de la maison d'arrêt de la Bourbe où tu étais alors (i) ?

Qu'as-tu voulu faire entendre par ces mots, dans ta lettre à Robespierre, du 28 Août an 3e., sous la cote n°. 82 des pièces justificatives, en disant : « Nous » nous remuons ici comme des diables.... *La F.... Assemblée Nationale actuelle nous taille un Ouvrage immense et périlleux....* (j) ? »

Pourquoi cette atrocité infernale de faire enlever et charger de fers, à minuit, le 6 Messidor, an 2, sous mes yeux, dans le grenier voisin de celui où tu m'avais plongé, Jean-François Payen, cet honnête cultivateur, dont l'ordre portait de te l'amener à 8 heures du matin à Cambrai (distant de 6 lieues d'Arras) que tu as immolé à ta rage sanguinaire, le même jour, une heure ou deux avant ton premier rappel à Paris, uniquement par esprit de vengeance, parce que ce

---

(h) *Vide* page 63 à 69 du Rapport.

(i) *V.* le n°. 101 de l'Orateur du peuple.

(j) *V.* page 272 à 279 des pièces justificatives, à la suite du Rapport de Courtois.

brave citoyen n'avait pas voulu se lier avec toi, ni aller à ta messe lorsque tu étais curé à Neuville (k) ?

Pourquoi cette demande astucieuse de Meaux à la Convention nationale, le 27 Floréal dernier, pour être entendu par la commission des 21, lorsque tu étais et que tu es dans l'impossibilité d'opposer le moindre moyen légitime de défense à la masse énorme de crimes qui t'écrase ? Je te porte le défi le plus formel, de détruire aucun de ceux que la commission a sommairiés dans son rapport du 1er. de ce mois, et de dénier le moindre des faits énoncés dans ma dernière production, intitulée : *Le Dernier gémissement de l'humanité.*

En vain diras-tu que tu avais des ordres : des ordres !.... et que sont des ordres qui prescrivent la scélératesse ?... Collot, Billaud, Fouquier-Tinville, dans leur ivresse de crimes ont eu l'infamie de s'appuyer de pareils argumens : la justice ne les a-t-elle pas réfutés par le fer ? C'est toi qui a trangressé toutes les lois divines et humaines ; c'est toi qui as cédé à ton impulsion barbare, en autorisant le brigandage, en égorgeant des hommes, tes concitoyens: que m'importent à moi des ordres !..... il me suffit de prouver que tu as outragé la justice, l'ordre social, l'humanité, l'humanité qui elle-même met la main à la hache vengeresse pour l'appésantir sur ta tête coupable. En vain viendras-tu encore faire parade de l'infernal talisman de certains mots : *Tels qu'en ré-*

(k) *Vide* page 46 des *Angoisses.*

volutions il ne faut pas faire de pas rétrogrades : faire le procès à la révolution, etc. , etc. Trop long-tems notre malheureuse patrie a été la dupe de ce charlatanisme *patriotique* ou *sans-culotisme* (7). Les honnêtes gens ne sont soulevés que contre ces misérables qui ont souillé la révolution en pillant, volant, opprimant, égorgeant, et tu es à leur tête : ce rôle au reste convenait au digne bourreau de Robespierre. Quant aux citoyens égarés qu'ils se convertissent, la miséricorde leur tend les bras ; mais pour toi, tous les cris unanimement demandent que ton échafaud se dresse, et cela au plutôt.

Qu'on ne croie point que j'ai exposé ici toute la galerie des justes accusations dont tu es couvert ; j'ai choisi dans le nombre celles qui m'ont paru les plus faites pour fixer l'attention de quiconque chercherait à se former une idée d'un *lépreux de forfaits* ; juge quel monstre tu dois être à tous les yeux ! N'es-tu pas mille fois plus coupable, plus horrible que ce *Carrier* d'effrayante mémoire, pour t'être fait nommer bourreau du séjour qui t'a vu naître et t'en proclamer le génie destructeur, lorsque tu savais que ta patrie ne renfermait que de paisibles et d'honnêtes citoyens sur lesquels tu as épuisé des tortures infernales dont ils se ressentiront long-tems, au mépris de leurs sacrifices et des actes multipliés de civisme (8) ? Représente-toi la stupeur incroyable où tu les a plongés, scélérat, puisqu'ils n'osent élever la voix, et qu'ils ne s'aperçoivent point encore du retour de la justice et de l'humanité, depuis le 9 Thermidor !

Enfin, cette heure si attendue, si désirée de tous les honnêtes gens, l'heure de ta mort sonne ! Point de grâce, point de retardement, marche au supplice à travers la foule des ombres de tant de victimes que tu as immolées à ta barbarie ! Vois-les s'élever successivement de la terre, vois-les t'entourer : elles font retentir à ton oreille leurs longs gémissemens. Mânes infortunés dont j'ai partagé les malheurs, j'ai respecté la confiance que plusieurs de vous ont eue en moi ; je vous tiens la parole que je vous avais donnée de plaider un jour ou l'autre votre cause , si j'échappais à la lave destructrice qui nous entraînait tous. J'aurais désiré mieux faire ; mais j'ai été *lachement* abandonné à l'insuffisance de mes faibles lumières. Vous allez être vengés ; votre bourreau va recevoir le prix de ses atrocités : puisse-t-il ouvrir son ame , *encroutée du crime* , à l'aiguillon déchirant du remord ! Scélérat, quelqu'ardente que doive être la vengeance qui te poursuit, elle fera elle-même des vœux pour qu'un repentir salutaire entre dans ton ame, à ton dernier moment ! Tu vas la reconnaître cette justice éternelle prête à prononcer ton arrêt : tremble ! les châtimens que celle-là inflige n'auront jamais de fin.

Citoyens d'Arras et de Cambrai, je crois avoir fait éclater des preuves non équivoques de ma franchise et de mon courage : le jour même de la sortie de mes fers (*), l'impudence et la scélératesse ont tenté d'a-

------

(*) 23 Fructidor an 2.

battre ce courage inaltérable, en me suscitant une demande en réparation d'honneur, pour n'avoir laissé
percer qu'à demi la vérité dans les *Angoisses de la
mort* (9). A peine cette affaire terminée à mon avan-
tage, je me suis élancé, si je puis parler ainsi, pour
embrasser votre défense ; en effet, n'est-ce pas votre
cause que j'ai plaidée, la cause de l'humanité et de
la justice ? Il y a près d'un an que je m'appuie de
toutes les forces que la nature m'a données, pour
combattre à mort l'exterminateur de vos contrées ;
j'ai même cherché à le terrasser : du fond de mon
cachot je lui ai lancé des traits qui l'ont atteint. Eh !
Français ! la postérité le croira-t-elle qu'il n'y a
que moi, moi seul qui aie secoué le flambeau ven-
geur sur le *scélérat ?* Aucun de vous ne s'est mon-
tré, n'a exposé sa vie, n'a offert de s'immoler, s'il
le fallait, à l'époque de cette douloureuse et déchi-
rante séparation de la maison d'arrêt de l'Abbatiale
(10), quand nos braves frères d'armes étaient disposés
à vous seconder, tant ils étaient révoltés de ce spectacle de barbarie, l'ouvrage des satellites de Lebon !
Vos amies, vos parentes, vos épouses, vos enfans
vous tendaient leurs mains suppliantes, intercédaient
votre appui, et vous êtes restés froids, immobiles,
insensibles ! Ce sexe si aimable, si intéressant, qui
devait être une partie de votre existence, vous l'avez
abandonné lâchement sans pitié aux souffrances, aux
glaives des bourreaux ! Elles ont été précipitées dans
la tombe, ces victimes si faites pour attendrir, en
accusant votre pusillanimité, votre coupable insou-

ciance ! Entendez leurs accens plaintifs ; ils s'élèvent
jusqu'au ciel.... Mais c'est trop attacher vos regards
sur nne image qui doit déchirer vos ames ; il vous
reste encore un moyen de consoler dans le sein de
la mort ces ombres gémissantes : empressez-vous de
les venger ; ne laissez pas respirer parmi vous ces vils
instrumens du crime ; ce n'est pas que je veuille con-
fondre ce faible troupean qu'on est parvenu à égarer ,
avec les auteurs volontaires de tant de forfaits : c'est
sur la tête de ceux-ci que j'appelle hautement toute
l'inflexibilité de la justice. Voilà les coupables qu'il
faut presser les ministres éclairés des lois de retran-
cher de votre société. Du pied de l'échafaud que va
rougir le sang d'un criminel si justement puni , voyez
s'élever un Génie vainqueur de la tyrannie et de l'a-
narchie , qui déploiera ses aîles protectrices sur vos
malheureuses contrées , qui les ranimera, y fera
rentrer la paix , le bonheur , les vertus sans lesquels
nul ordre ne peut subsister. Citoyens, profitez de
ces épreuves si cruelles et qui font tort, j'ose l'a-
vouer , à votre réputation ; répétons avec le prési-
dent de la *Convention nationale* , à la séance du
16 Ventôse dernier , lors de sa réponse aux infortunés
Lyonnais (11) : « Une funeste expérience nous a
» prouvé que 25 millions d'hommes pouvaient être
» opprimés, au nom même de la liberté , par quelques
» scélérats ambitieux ; mais la même régénération ne
» retombe pas deux fois sous le même joug affreux
» de terreur ; et l'attitude imposante de tous les
» citoyens rassure les amis de la liberté contre les

» tentatives criminelles des sectateurs du système
» de destruction » Promettez-vous de ne pas languir
dans cette stupeur qui sans doute vous a causé des
torts inconcevables; en un mot rejetez de votre sein
les complices, les partisans du monstre qui s'est
abreuvé de vos larmes et de votre sang; acceptez la
main de la vérité, de la vérité, cette digne et coura-
geuse fille du tems, qui s'offre à vous conduire, à
vous tracer elle-même la carrière où désormais vous
devez marcher; dociles surtout à l'ascendant de la
volonté générale, redites-vous sans cesse : Paix et
prospérité aux citoyens vertueux ! proscription éternelle aux terroristes, aux méchants, aux scélérats
enfin qui rappelleraient ce monstre noirci de tous
les crimes et qu'une juste vengeance va traîner à
l'échafaud! Oser en douter serait le renversement
total du retour de la justice, consacré par les sages
principes de la révolution du 9 Thermidor, qui ont
détruit et anéanti pour jamais cette espèce de mons-
trueux système qui fit ruisseler le sang, qui décerna
les honneurs du *Panthéon* aux Marat, etc., qui sem-
blait les promettre aux *Robespierre*, aux Carrier et à
leurs infâmes imitateurs. *Brigands, artisans du
meurtre, de la dévastation*, que l'on peut comparer
à la peste homicide, rappelez-vous ce que vous a
dit, en dernier lieu, un écrivain estimable, au nom
du peuple français (*Tronson-Ducoudray*), dans le
temple de Thémis.

« Si jamais une crise révolutionnaire ramène parmi
» vous d'homicides espérances, si de la fange où
» vous

» vous êtes vous osiez tenter de sortir pour ressaisir
» vos poignards, ne croyez plus à la stupeur qui
» qui nous a enchaînés ; pour cette fois l'indignation
» de la vertu vaincra l'audace du crime ; notre ven-
» geance sera terrible et elle sera infatigable.

» Nous vous poursuivrons par-tout, horde impie !
» Dans nos champs, dans nos bois, sur nos mon-
» tagnes, dans les retraites les plus inaccessibles ,
» vous n'aurez d'asile nulle part. Nous vous pous-
» serons devant nous comme un troupeau de bêtes
» féroces jusqu'aux rivages de la mer, vers ces flots
» indignés, qui redemandent leurs véritables vic-
» times ; j'en jure par vous , mânes chéris de nos
» pères, de nos enfans, de nos femmes ! Le tocsin
» de la vengeance sonnera encore long-tems sur
» eux après leur destruction entière ; il suffira que
» le voyageur trompé vienne dire au hameau voisin :
» *J'en ai encore rencontré un.*

» Et qu'ils ne croient pas trouver alors des pro-
» tecteurs parmi ceux de nos concitoyens dont ils
» ont égaré la bonne foi.

» Vous les connaissez enfin, ô les plus chéris , les
» plus estimables de nos frères ! Voyez les maux
» qu'ils nous ont faits ; voyez nos plaies encore
» saignantes ; voyez celles de la patrie ; voyez si
» les enfans dénaturés qui se sont armés contre elle
» l'ont déchiré avec une rage plus impitoyable. »

Généreux Cambrésiens, si contre toute attente les
citoyens d'Arras persévéraient dans leur apathie ,
leur égoïsme, en restant indifférens aux principes

que je viens de tracer , n'imitez pas leur funeste
exemple ; qu'une audace salutaire vous anime et fasse
pâlir le crime ! Songez toujours à l'honorable distinc-
tion que les personnes instruites feront entre vous et
eux ; Arras a eu le malheur d'enfanter les plus
grands scélérats qui ont désolé notre patrie ; au lieu
que Cambrai aura toujours à s'énorgueillir d'avoir
donné le jour à un prélat, ce digne Français, ce
tendre ami de l'humanité, l'objet immortel de la
vénération des siècles : je le nomme, FÉNÉLON.

P O I R I E R ,

Ancien Jurisconsulte et Auteur de la Gravure
des *Formes Acerbes.*

Paris, 20 *Messidor,* an 3 , ou 25 *Juin* 1795.

N O T E S.

(1) JE suis un des 14 infortunés livrés à la barbarie
de Lebon, que ce tigre rugissant fit extraire, un après-
dîner, de son repaire dit des *Orphelines*. Une garde
nombreuse nous escortait, investis de tous les dignes
soudoyés de notre bourreau, et abandonnés à leurs
huées outrageantes qui nous envoyaient à la guillo-
tine, devant laquelle on ne manqua point de nous
faire passer, et même pour combler la mesure de fé-
rocité, de nous arrêter : on voulait nous pénétrer de
ce spectacle consolateur ; c'était l'amusement de nos
assassins. Enfin on nous fait paraître au club, lequel
club ressemblait à la caverne de *Montésinos*, c'est-à-
dire à un antre de voleurs, d'égorgeurs ; il faut ce-
pendant en excepter un petit nombre d'honnêtes
gens qu'on avait contraint de s'associer à cette horde,
et qui n'y avaient cédé que pour se soustraire à la
persécution. Joseph Lebon, si bien nommé, avait l'air
et le costume du chef de ces brigands ; il était décolleté:
c'était précisément la figure d'un cannibale qui boit
déjà des yeux le sang qu'il va répandre ; il tourmen-
tait sa contenance féroce, criant, agitant sans cesse sa
sonnette, comme si c'eût été le tocsin du crime, cher-
chant à se faire admirer de la *vile canaille* qui com-
posait son effrayant conciliabule : on eût dit que c'était
Satan entouré de ses démons ; en effet, misérable,
à qui mieux comparer tes satellites ex-capucins, ex-
chartreux, ex-oratoriens, ex-génovéfins, etc., etc.,

sur-tout bien éloigné d'étre des hommes, qui t'ap-
plaudissaient, te couvraient d'acclamations? On me
fit monter sur sur le fauteuil redoutable : j'y succédai
à cet honnête athée qui, à ta demande s'il croyait en
Dieu, parut te donner une réponse de Spartiate,
s'empressant, en ta présence, de brûler à la chan-
delle ses lettres de prêtrise, comme Mutius-Scœ-
vola, devant Porsenna, plongea sa main dans un
brasier ardent : tu récompensas ce digne ministre des
autels de son noble enthousisme, en lui rendant la
liberté. Pour moi, après l'interrogatoire que je subis
sur mes nom, prénom, qualité, domicile, district et
département, j'entendis sortir de ta bouche cette
riche expression qui t'était familière : *Vas-t-en aux
Baudets*. Je fus reconduit aux *Orphelines*, pénétré
de la scène scandaleuse où j'avais joué le rôle de
patient ; je rejoignis mes compagnons d'infortune ;
j'eus de la peine à leur rendre le tableau d'horreur
qui me poursuivait. Ose, scélérat, me dénier ces dé-
tails : il n'en est pas un que je ne sois prêt à sceller
de mon sang.

(2) Elle se trouve à Paris et dans les départemens,
chez les libraires annoncés.

(3) *Vide* page 10 du 4e. n°. de sa défense.

(4) *Vide* la note 13e. des Angoisses, page 31 de la
2e. édition, et la déposition de la citoyenne Chalain,
page 57 des Atrocités.

(5) *Vide* page 7 du 1er. n°. de la défense de Lebon.

(6) Voici le fait :

L'arrestation du cit. Désandrouin, les scellés ap-

posés chez lui, avaient interrompu le service d'une
verrerie et l'exploitation d'une mine de charbon de
terre. Le Boulonnais et le Calaisis se trouvaient pri-
vés du chauffage d'usage, et les forgerons de la houille
nécessaire à leurs travaux. Ces considérations d'inté-
rêt général n'auraient pas existé, que les vertus re-
commandables du cit. Désandrouin auraient déterminé
de justes réclamations en sa faveur. Par une espèce de
miracle, dans un tems où tout ce qui était raisonnable
paraissait un délire fanatique, il émane un arrêté fa-
vorable à la liberté tant désirée du citoyen Désandrouin : il est adressé au district de Boulogne ; il faut
pour son exécution qu'il soit visé par le représentant
du peuple en mission. Un domestique du cit. Désandrouin est chargé pour plus grande diligence de se
rendre à Arras, à l'effet d'avoir le visa et par suite
la liberté de son maître. Dans la route, les affections
de son cœur sur la liberté prochaine de son maître
sont bientôt troublées par la réflexion. Des pressenti-
mens lui font redouter l'espèce de sauve-garde qu'il
y a à être porteur et à remettre un arrêté du comité
de salut public à Joseph Lebon. Ce domestique ren-
contre à Arras le cit. Brunet, né dans la même com-
mune que le cit. Désandrouin, et l'ami de celui-ci.
Brunet, patriote éclairé et estimable, naturellement
obligeant et brave, s'estime trop heureux de pouvoir
suppléer le domestique : aussitôt arrivé à Arras, et
c'était le matin, il se rend chez Lebon qui était sorti ,
il y retourne jusqu'à trois fois et sans succès ; en voici
la raison :

Le soi-disant tribunal révolutionnaire avait fait appeler un grand nombre de prétendus prévenus; les appeler, c'était l'équivalent d'un arrêt de mort et d'un égorgement prompt; de semblables scènes méritaient la surveillance et l'attention de notre affamé Joseph. C'est au milieu des flots de sang qui baignaient la rue dite ci-devant Saint-Aubert, que Brunet aperçoit Lebon, qu'il l'aborde et qu'il lui remet l'arrêté du comité, qui ordonnait la mise en liberté de Désandrouin. Lebon l'a à peine parcouru, qu'il devient furieux, écumant de rage; il prétend que c'est une surprise faite au comité, que Désandrouin est un conspirateur; il ajoute qu'il n'obéira pas à cet ordre, qu'il n'y a qu'un scélérat de la trempe de Désandrouin qui ait pu s'en charger, qu'il ne tient à rien qu'il ne le fasse arrêter, qu'il ait à disparaître de ses yeux. En même-tems que Lebon vociférait ainsi, il chiffonait dans ses mains l'arrêté en question, de manière à persuader qu'il le déchirait, et le réduisit en lambeaux. Brunet se retire confus et révolté d'une semblable réception. Arrivé à son auberge, le petit St.-Pol, qui était à peu de distance, il s'aperçoit que Lebon s'était retourné pour voir où il allait. A peine est-il entré, qu'il est mandé pour se rendre chez Lebon; il obéit, il lit sur la porte cette inscription infâme : *Quiconque osera solliciter la liberté d'un détenu, subira le même sort.* Il voit enfin Lebon, décolleté, allant de long en large, et toujours s'espadronnant avec son grand sabre, qui lui renouvelle ses soupçons, par cela seul qu'il était porteur de l'ar-

rêté en question ; il lui fait vider ses poches et l'en-
voie en arrestation à l'Hôtel-Dieu, où j'étais. Brunet
ayant fait connaître que c'était par hasard qu'il s'é-
tait chargé de cet arrêté, dont un domestique de Désandrouin était porteur, Lebon voulut savoir où était
ce domestique, qui, quelques instans après, fut lui-
même mis en arrestation aussi à l'Hôtel-Dieu. L'un
et l'autre y restèrent environ trois mois, et l'arrêté
souscrit par Lebon pour la liberté du C. Brunet, porte:
*Que c'est comme ayant été pris pour un autre, et par
erreur qu'il a été mis en état d'arrestation.*

(7) Oui, digne du vrai *sans-culotisme*, je me plais
à croire aussi qu'aujourd'hui nous pouvons sans indé-
cence remettre nos culottes, et que ceux qui n'en
avaient pas s'en sont pourvus ; conséquemment , j'es-
père que les jours complémentaires de notre année n'é-
tant plus décorés d'un titre trop *anti-fastueux* , tout
homme qui a le sens commun renoncera à une déno-
mination dont ma pauvre tête n'a jamais conçu l'honneur qu'on y attachait. Amis, croyez - moi, à
l'exemple de *Faure* dans son *Coup-d'œil politique sur
la France*, envoyons ce calendrier à son auteur
(Romme), au tartare. Il est grandement tems que
nous devenions raisonnables....

(8) Sous la régence de ce monstre à Arras, il a été
égorgé au-delà de 400 personnes en quatre mois ;
à Cambrai, en six semaines, plus de 150 citoyens ;
plus de 1500 morts dans les prisons et en ville, de
frayeur et des suites de leur arrestation ; les repaires
ont regorgé plus de 10 mille victimes dans les deux dé-

partemens ; en un mot , plus de 5o mille familles y sont pillées , volées et ruinées , etc., etc. Quel tableau ! Administrateurs , juges et autres fonctionnaires publics créés par Lebon et qui avez secondé cet horrible monstre , de quels remords déchirans vos ames ne doivent-elles pas être dévorées ?....

(9) *Vide* la procédure et l'enquête contre Cavrois, marchand, entre les deux places , à Arras , demandeur devant le juge de paix Triboulet , le 24 Fructidor an 2, jour de ma délivrance.

(10) *Vide* page 18 à 22 des *Angoisses*, 2e. édition.

(11) *Vide* page 234 du n°. 894 du journal des Débats et des Décrets.

N O T A.

Pendant que nous imprimons, dans la séance extraordinaire du soir , 22 Messidor , qui s'est prolongée jusqu'à deux heures du matin , d'après l'appel nominal , la *Convention nationale* a décrété *Joseph Lebon* d'accusation.